GASTRO COACHING

Existenzgründung

PERO VRDOLJAK
GASTRO COACHING

Bibliografische Informationen der Deutschen Nationalbibliothek:
Die Deutsche Nationalbibliothek verzeichnet diese Publikation in der Deutschen Nationalbibliografie; detaillierte bibliografische Daten sind im Internet über http://dnb.dnb.de abrufbar.

Herstellung und Verlag:

BoD – Books on Demand, Norderstedt

2. Auflage (2016)
Überarbeitete Fassung des Buches:
„Die zehn größten Fehler in der Gastronomie
... und wie man sie bei der Existenzgründung vermeidet"

HERAUSGEBER:
© Pero Vrdoljak, 2016
Wilhelm-Wagenfeld-Straße 16, 48282 Emsdetten
E-Mail: pero@vrdoljak.de
www.gastro-coaching.com

TEXT & COVER:
DIE TEXTWERKSTATT
www.korrekt-getippt.de

ISBN: 9783738608991

Gastwirt zu sein, ist ein Fulltime-Job oder vielmehr eine Berufung. Wer in der Gastronomiebranche langfristig erfolgreich sein will, sollte nicht nur seine Gäste kennen, sondern alle Facetten dieses wundervollen Geschäfts.

Bei diesem Buch handelt es sich weder um ein Orakel noch um eine wissenschaftliche Studie. Es soll Ihr Ratgeber und nützlicher Begleiter sein. In ihm sind praktische Erfahrungswerte sowie handfeste und vor allem umsetzbare Fakten und Tipps zusammengetragen. Wie viel Sie davon berücksichtigen, bleibt natürlich allein Ihnen überlassen – ebenso wie der Erfolg, den ich Ihnen selbstverständlich von Herzen wünsche.

Ihr GASTRO-COACH: Pero Vrdoljak

PERO VRDOLJAK
GASTRO COACHING

INHALT

BON APPÉTIT

© Pero Vrdoljak (2016)

Pero Vrdoljak wurde 1966 geboren.
Der gelernte Hotelfachmann übernahm bereits in jungen Jahren das elterliche Restaurant. Weitere Projekte folgten, die nach seiner COURAGING®-Methode erfolgreich geführt wurden.

"VOM GASTRONOM – FÜR GASTRONOMEN" ist das Motto, unter dem Pero Vrdoljak sein wertvolles Wissen in Büchern, Workshops und Seminaren weitergibt. Neben diesem Booklet ist ein weiterer Ratgeber unter dem Titel "Basics & Essentials" erhältlich.

Derzeit arbeitet Pero Vrdoljak an der kompakten Version seines Praxishandbuchs zum Thema GASTRO-COACHING. Alle Bücher und Projekte haben dabei eines gemeinsam, sie sind: PRAXISNAH + VERSTÄNDLICH + UMSETZBAR.

Neben einem durchweg positiven Feedback erreichten ihn in den letzten Jahren zahlreiche Zuschriften, die immer wieder dieselben Fragen beinhalteten: „Ich würde gern ein Restaurant eröffnen, haben Sie Tipps für mich? Worauf sollte ich achten? Wie komme ich an Kunden? Habe ich überhaupt in der heutigen Zeit eine Chance?" Auf diese und weitere Fragen gibt Pero Vrdoljak in diesem Booklet praxisnahe Antworten.

Für Gastronomen, die bereits gegründet haben, hält sein Ratgeber „Basics & Essentials“ weitere wertvolle Tipps parat.

Beide Booklets sind als E-Book und Printversion im Buchhandel erhältlich. Ende 2016 wird der große Ratgeber „CASTRO-COACHING – Das Praxishandbuch“ erscheinen. Weitere Hinweise und Informationen zu Workshops und vielem mehr erhalten Sie auf www.gastro-coaching.com.

DIE GASTRONOMIE

2015 betrug der Umsatz in Deutschlands Gastronomie zirka 49 Milliarden Euro. Bis 2018 soll er prognostiziert auf 54,6 Milliarden Euro anwachsen.
(Branchen-Report, 2015)

Mit 4,2 Prozent verbuchte 2015 die Gastronomie das zweitstärkste Umsatzplus seit zwanzig Jahren.
(DEHOGA Bundesverband, 17.02.2016)

WER NICHTS WIRD, WIRD WIRT?!

Ein bekannter Spruch, den wohl jeder von uns kennt. Was sich auch immer der Verfasser seinerzeit dabei gedacht hat, er lag mit seiner Äußerung völlig falsch. Kaum ein anderer Beruf erfordert so vielfältige Fähigkeiten. Ein Gastronom ist Koch, Finanzexperte, Getränkespezialist, Buchhalter, Lebensmittelexperte, Handwerker, Führungskraft, Entertainer, Trendforscher, Marketingspezialist, Psychotherapeut ... und ... und ... und.

Gastwirt zu sein, ist also kein Job, sondern vielmehr eine Berufung. Wer in der Gastronomiebranche seiner wahren Bestimmung folgen will, dem sollte klar sein, dass eine Existenzgründung professionell und gründlich vorbereitet sein muss. Natürlich ist es ratsam, sich im Vorfeld den Rat eines Fachmanns einzuholen. Von Vorteil ist hier vor allem der Besuch eines Workshops beziehungsweise Seminars, in dem sich detailliert mit der Existenzgründung in der Gastronomie befasst wird. Solch ein Coaching kann vor bitteren Enttäuschungen und teuren Niederlagen bewahren. Wer allerdings keine Zeit oder gar finanzielle Mittel investieren möchte, hat mit diesem Buch einen kleinen Schritt in die richtige Richtung getan.

Beginnen wir also gemeinsam mit der Fehleranalyse und bereiten Sie vor auf einen perfekten Start in Ihre gastronomische Zukunft ...

01

1. VORBEREITUNG

Ein erfolgreicher Gastronom oder eine erfolgreiche Gastronomin zeichnet sich durch das Talent zur Vielfalt aus. Er oder sie ist ein Allrounder. Viele Existenzgründer sind nicht darauf vorbereitet, was sie in ihrem Geschäft tatsächlich erwartet. Egal ob Feuerwehrmann, Arzt, Rennfahrer, Sekretärin, Lehrerin oder Model – jeder Beruf bringt bestimmte Kriterien mit sich.

NUR WEIL JEDER EINE „KNEIPE“ ERÖFFNEN KÖNNTE, BEDEUTET DAS NICHT, DASS AUCH JEDER ERFOLGREICH GÄSTE BEWIRTEN KANN.

Deshalb sollten Sie sich spätestens jetzt fragen, ob Sie Willens und in der Lage sind, sämtliche Vorrausetzungen tatsächlich zu erfüllen. Denn im nachhaltigen Gastronomiegeschäft geht es nicht nur um innovative Ideen oder die Fähigkeit, andere zu begeistern. Der Markt ist heiß umkämpft, die Konkurrenz schläft nicht.

NICHT NUR KLECKERN, SONDERN KLOTZEN!
SIND SIE BEREIT?

Die folgenden Kapitel sollen als Orientierung dienen und Ihnen kurz und präzise deutlich machen, was für die Existenzgründung unbedingt notwendig ist. Dazu gehören vor allem Liquidität, Sachverstand und der Wille, nicht nur zu kleckern, sondern zu klotzen. Sollten Sie jetzt glauben, dass es ausreicht, ein paar Stühle in die Sonne zu stellen und auf Kundschaft zu warten, dann schauen Sie sich bitte die folgende CHECKLISTE gründlich an. Damit Sie sich vor Enttäuschungen oder gar dem finanziellen Ruin bewahren, hilft vor allem eines:

SEIEN SIE VON VORN HEREIN ABSOLUT EHRLICH ZU SICH SELBST

Wenn Sie jetzt immer noch davon überzeugt sind, der/die Richtige für die Gastronomie zu sein, dann sollten wir keine Zeit mehr verschwenden und endlich loslegen.

HABEN SIE AN DEN PAPIERKRAM GEDACHT?

Bevor Sie das erste Bier zapfen, das erste Steak in die Pfanne geben, das erste Eis verkaufen oder generell Ihren Laden aufschließen, müssen Sie sich dringend um den behördlichen Papierkram kümmern. So ein Besuch bei den Ämtern ist für viele wie der Gang nach Canossa. Aber es hilft leider nichts. Da müssen Sie zu allererst durch. Es gilt, Ihr Gewerbe sowie die Schankerlaubnis zu beantragen – ganz zu schweigen von der Anmeldung bei GEMA und GEZ?

Wer Getränke und/oder zubereitete Speisen zum Verzehr an Ort und Stelle bei einer Schankwirtschaft verabreicht, der benötigt laut § 2 Gaststättengesetz eine Konzession. Diese ist nicht ganz billig und beinhaltet darüber hinaus diverse Auflagen.

Wie viel ein solcher Verwaltungsakt kostet, richtet sich nach Art, Umfang und Ort Ihres Geschäftes. Jedes Bundesland regelt das Gaststättenrecht unterschiedlich. So können in Brandenburg (BbgGastG) die Gebühren und Vorgaben für eine Schankerlaubnis ganz andere sein als beispielsweise in Niedersachsen (NGastG).

Grundsätzlich benötigen Sie folgende Unterlagen für Ihre Schankerlaubnis:

- polizeiliches Führungszeugnis (Kommunalverwaltung/Meldeamt)
- Auskunft aus dem Gewerbezentralregister (Gewerbeamt)
- Pachtvertrag oder Kaufvertrag inklusive Grundbuchauszug
- Nachweis über Gesundheitsbelehrung gemäß § 4 Abs. 1 Nr. 4 GastG (IHK)
- Unbedenklichkeitsbescheinigung (Finanzamt)
- Grundrissplan und Erklärung zu den Räumlichkeiten
- Anmeldung bei gesetzlicher Unfallversicherung (Berufsgenossenschaft)
- Anmeldung für Gaststättengewerbe (Gewerbeamt).

Weitere zuständige Stellen sind: Ordnungsamt, Bauamt, Amt für Umweltschutz, Landesamt für Arbeitsschutz, die Feuerwehr und Lebensmittelüberwachung. Für die Antragserteilung sind die Kommunalverwaltungen (z.B. Berliner Bezirksverwaltungen) zuständig. Diese stellen auch eine vorläufige Erlaubnis aus, falls der bestehende Betrieb übergangslos weitergeführt werden soll. Damit sind Sie vorerst auf der rechtlich richtigen Seite, endgültig genehmigt wird erst nach erfolgter Prüfung ohne Beanstandung.

AUF DER SICHEREN SEITE

Sollten Sie vorhaben, eine GmbH, GbR oder andere Rechtsform gründen zu wollen, kommen weitere Gebühren auf Sie zu. Und vergessen Sie in Ihrer Kostenanalyse (vgl. Kapitel 2) bitte nicht die laufenden Beiträge für GEZ und GEMA. Nur weil Sie vielleicht keinen Fernseher in Ihrer gastronomischen Einrichtung haben und keine Konzerte veranstalten, sind Sie deshalb noch lange nicht von den Gebühren befreit. Denn diese fallen nicht nur im Rahmen großer Musikveranstaltungen an, sondern müssen auch entrichtet werden, wenn in Ihrem Laden leise Hintergrundmusik läuft.

Für das öffentliche Abspielen von Ton- oder Bildtonträgern in Gaststätten, Bars, Diskotheken etc. über Computer, Internetradio und mithilfe von Speichermedien (z.B. USB-Sticks, MP3-Player) verlangt die Gesellschaft für musikalische Aufführungs- und mechanische Vervielfältigungsrechte (GEMA) generell Gebühren und darüber hinaus eine Anmeldung – und zwar im Voraus (vgl. § 13b UrhWG). Wird eine solche Anmeldung versäumt, kann die GEMA einen sogenannten Kontrollkostenzuschlag in Höhe von 100 Prozent des Regeltarifs verlangen.

Im Übrigen gelten die entsprechenden Verwertungsrechte und Lizenzen nicht ausschließlich für deutsche Musik, sondern nahezu für das gesamte Weltrepertoire. Und auch die GEZ lässt nicht mit sich spaßen. Wer GEMA-Gebühren entrichtet, ist damit nicht vom Rundfunkbeitrag befreit.

MEIN TIPP: Seien Sie darauf vorbereitet, dass Sie sowohl Zeit als auch Geld für die Formalitäten investieren müssen. Liegen die Behördengänge erst einmal hinter Ihnen, können Sie zu Recht stolz auf sich sein. Gehören Sie zu den Menschen, denen schon beim Gedanken an den deutschen Amtsschimmel der kalte Schweiß ausbricht? Dann nehmen Sie jemanden mit, der vielleicht selbst Beamter ist oder sich zumindest mit der Materie sowie diesem einzigartigen Menschenschlag auskennt. Sie werden sehen, dass die Kommunikation dort eine komplett andere ist.

Weitere Informationen finden Sie auf diesen Webseiten: www.gemazahler.de und www.rundfunkbeitrag.de.

PRÜFEN SIE ABER NUN ALS ERSTES, OB SIE TATSÄCHLICH BEREIT FÜR DEN DSCHUNGEL SIND, DER SICH GASTRONOMIE NENNT ...

CHECKLISTE: VORAUSSETZUNGEN

- Gesundheit
- Entscheidungsfreudigkeit
- Risikobereitschaft
- Durchsetzungsvermögen
- Unterstützung durch Familie/Freunde
- Ausstrahlung und Energie
- Kontaktfähigkeit
- Kreativität
- Belastbarkeit
- kaufmännisches Basiswissen
- Sachkenntnisse über Branche und Rechtsvorschriften
- Kraft und Ausdauer
- finanzieller Background
- Enthusiasmus und Herzblut

2. KOSTEN

... davon kann ich nur zu gut ein Liedlein singen! In der Vergangenheit haben zahlreiche gastronomische Betriebe bei der Eröffnung unterstützt; darunter waren Discotheken, Restaurants, ein Café und diverse Szenekneipen. Und alle hatten eines gemeinsam: bei der Investitionsplanung wurden zu viele Positionen schlichtweg vergessen. Besonders bei der Anschaffung von Kleininventar und Verbrauchsmaterialien können sehr schnell ein paar tausend Euro zusammenkommen.

Nebenbei bemerkt gehört zu den größten Geldvernichtern ein sogenannter Gastronomieausstatter, der unerfahrenen Gründer/innen nicht selten ein völlig überteuertes Einrichtungskonzept verkaufen will. Auch bei den Angeboten der Brauereien, Softgetränke- oder Kaffeeanbieter, die teilweise mit kostenlosen Inventargegenständen werben, ist ein zweiter Blick mehr als angebracht.

MEIN TIPP: Vergleichen Sie die Preise und informieren Sie sich im Detail über jedes Angebot, bevor Sie irgendetwas unterschreiben. Eine Nachfinanzierung ist sehr schwierig und bei den Banken auch nicht gern gesehen.

Die meisten Betriebe befinden sich nicht im Eigentum, sondern sind gepachtet. Deshalb gilt diesem Thema ein ganz besonderes Augenmerk. Nicht selten steht die Pacht in keinem Verhältnis zum Umsatz und kann deshalb oft kaum erwirtschaftet werden. Zahlreiche Restaurants, Bars und Cafés rutschen trotz scheinbar guter Umsätze in die Verlustzone. Erfahrungen zeigen, dass die Pacht nicht mehr als 8 bis 12 Prozent vom Gesamtumsatz betragen sollte.

MEIN TIPP: Verhandeln Sie mit dem Verpächter und ziehen Sie einen Fachmann zu Rate! Denken Sie an den o.g. Richtwert und machen Sie Ihrem Verpächter klar, dass es allemal besser ist, regelmäßig eine (wenn auch geringere) Pacht zu erhalten, als alle paar Monate den Vertragspartner zu wechseln.

SOLANGE EIN PROJEKT NICHT RICHTIG LÄUFT, HABEN DIE SCHLECHTFINDER UND HERUMNÖRGLER DAS SAGEN.

Die wenigsten Restaurants sind von Anfang an gut besucht und arbeiten sofort in der Gewinnphase. Bestenfalls kommen schon ein paar Stammgäste, die ersten Marketingmaßnahmen greifen, eine Kundendatenbank wird erstellt ... die Abläufe spielen sich ein. Viele Startups haben ihr komplettes Budget in die Eröffnung gesteckt und keinen finanziellen Puffer mehr für die Anlaufphase. Wenn es schon zu Beginn an allen Ecken mangelt, schleicht sich schnell Unzufriedenheit ein: beim Personal und vor allem bei den Kunden.

Und wie sieht es mit Ihnen aus? Wie lange wird der Lebenspartner, die Ehefrau oder generell das persönliche Umfeld die Klimmzüge am Brotkasten mitmachen und sich auf den „großen Durchbruch“ vertrösten lassen?

MEIN TIPP: Halten Sie sich finanziell den Rücken frei und behalten Sie einen Teil Ihres Startkapitals in Reserve, sodass zumindest die ersten sechs Monate auch ohne bemerkenswerte Umsätze überbrückt werden können!

Nehmen Sie sich am besten gleich ein paar Minuten Zeit und ein Blatt Papier zur Hand. Schreiben Sie ALLE zu erwartenden Kosten (vom Tresen bis zur Glühbirne) auf und fertigen Sie eine Checkliste an, damit Ihnen nichts durch die Lappen geht!

CHECKLISTE: KOSTEN

- Kaufpreis/monatliche Pacht
- Abschlagszahlungen bei Übernahme
- Kaution
- Renovierung/Umbau
- Inventar/Bestuhlung etc.
- „Kleinkram" (z.B. Servietten, Poliertücher, Putzmittel)
- erster Warenbestand
- Gründungskosten (z.B. Gewerbe, Konzession)
- betriebliche Kosten (Strom, Wasser etc.)
- sonstige Gebühren (z.B. GEMA, GEZ)
- Geschäftsversicherung
- Eröffnungswerbung
- Personalkosten
- Kosten für Ihre private Lebensführung (inklusive Kranken-/Rentenversicherung)

3. FINANZIERUNG

Entgegen allen Unkenrufen sind Gastronomiebetriebe sehr wohl finanzierbar. Allerdings ist eine gründliche Investitionsplanung - gedeckt durch ausreichendes Eigenkapital - Grundvoraussetzung. Wer hingegen glaubt, mit ein paar hundert Euro, ein bisschen Rückenwind und gutem Willen am Markt bestehen zu können, der ist definitiv auf dem Holzweg. Wie gesagt: Nur weil jeder ein Restaurant, eine Bar oder Diskothek eröffnen kann, ist noch längst nicht jeder auch dafür geeignet.

OHNE EIGENKAPITAL LÄUFT NICHTS!

Wenn Ihr Umfeld mit einem gewissen Naserümpfen auf Ihre Vision eines eigenen gastronomischen Betriebes reagiert, dann liegt das vor allem an der hohen Zahl der jährlichen Pleiten. Misserfolge sprechen sich in der Regel schneller und nachhaltiger herum als Erfolge. Neben einem mangelnden Know-how ist in den meisten Fällen das dünne bis sehr dünne Finanzpolster der Gründer/innen dafür verantwortlich, wenn das Geschäft schlecht läuft oder gar pleitegeht. Allzu oft geben sich angehende Gastronomen der naiven Hoffnung hin, dass alles schon irgendwie klappen wird und die Einnahmen bereits in der Startphase die Kosten decken werden.

Fakt ist, dass Sie ohne Eigenkapital einpacken können beziehungsweise gar nicht erst auspacken brauchen. Denn selbst für staatliche Förderprogramme oder private Finanzierungen bei der Bank benötigen Sie neben einem präzisen Businessplan und einem überzeugenden Konzept in jedem Fall etwas zwischen Daumen und Zeigefinger. (Beachten Sie übrigens, dass Fördermittel VOR der Gründung beantragt werden müssen!) Gerade weil so viele Gastro-Betriebe das erste Geschäftsjahr nicht überleben, haben Geldgeber kaum noch Vertrauen in diese Branche – von der Finanzkrise einmal ganz abgesehen. Schminken Sie sich also ab, dass alle nur auf Sie und Ihre geniale Idee gewartet haben und Ihnen das Geld quasi in den Rachen werfen.

EINE FINANZIERUNG IST HART VERDIENTES GELD

Da kaum jemand sein Geschäft aus dem Stand allein finanzieren kann, ist hier eine fundierte Vorbereitung notwendig. Denn aussagekräftige Unterlagen und Bilanzen können Geldgeber durchaus überzeugen. Doch nicht nur das. Sie selbst sollten ganz genau im Blick haben, was konkret auf Sie zukommt, wie viel Geld Sie für Ihren Start, die Anlaufphase und laufende Kosten benötigen. Natürlich können Sie im Vorfeld nicht alles auf die letzte Kommastelle berechnen. Allerdings sollten Sie auch bei den Schätzungen so präzise wie möglich vorgehen. Kostenvoranschläge, ein Termin bei der für Sie zuständigen IHK oder aber der Austausch mit anderen Gastwirten werden Ihnen weiterhelfen.

VERGESSEN SIE NICHT DIE RESERVE!

Selbstverständlich können sich Ihre jetzigen Schätzungen in einem Jahr als nicht ganz richtig erweisen. Das ist aber grundsätzlich nicht verwerflich. Grob fahrlässig handeln Sie nur, wenn Sie Ihren Finanzierungsplan jetzt brav erarbeiten und dann vergessen. Wie auf hoher See werden Sie Ihr Ziel nicht erreichen, wenn Sie nicht ab und zu Ihren Kurs korrigieren. Planen Sie in jedem Fall einen ausreichenden Puffer ein, damit Ihnen nicht bereits nach drei Monaten das Wasser bis zum Hals steht. Mit einer finanziellen Reserve von 10 bis 30 Prozent des Kapitalbedarfs sind Sie auf der sicheren Seite. So können Sie auch Verzögerungen und mögliche Schwierigkeiten in der Anlaufphase überbrücken und damit einhergehende Kosten abdecken.

MEIN TIPP: Welche Form und Höhe der Finanzierung in Ihrem konkreten Fall sinnvoll ist, besprechen Sie im Detail am besten mit einem Fachmann oder zumindest mit Ihrem Steuerberater. Informieren Sie sich über staatliche Förderprogramme, mögliche Gewerbekredite oder Beteiligungen. Und holen Sie sich bitte immer die zweite Meinung eines Experten ein, bevor Sie einen Vertrag unterzeichnen! Die folgende Checkliste gibt Ihnen einen fundierten Überblick, was eine substanzielle Finanzierung umfassen sollte.

Wie gesagt: Natürlich können Sie nicht alles im Vorfeld präzise berechnen und mit einem Blick in die Glaskugel haargenau die Kosten für die Zukunft bestimmen. Bei Ihren Schätzungen sollten Sie sich allerdings an realen Vergleichszahlen Ihrer Branche orientieren. Nutzen Sie dazu beispielsweise die umfassenden Veröffentlichungen des Statistischen Bundesamtes (www.destatis.de) und lesen Sie Kapitel 2 und 7.

Die folgende Checkliste gibt Ihnen einen Überblick, woran Sie in jedem Fall denken sollten.

CHECKLISTE: FINANZIERUNG

- Wie hoch sind Ihre monatlichen/jährlichen Lebenshaltungskosten?
- Wie hoch ist Ihre Reserve für Unvorhergesehenes (Krankheit, Unfall)?
- Wie hoch ist Ihr Gesamtkapitalbedarf (Startkosten + Anlaufphase + Reserve)
- Haben Sie Kostenvoranschläge (Brauerei, Innenausbau, Inventar)?
- Wie hoch ist Ihr Eigenkapital?
- Wie hoch muss das Fremdkapital sein?
- Welche Förderprogramme könnten Sie nutzen?
- Wie hoch schätzen Sie die monatlichen Kosten (Material, Personal, Miete)?
- Wie hoch schätzen Sie die Investitionskosten (auf 12 Monate verteilt)?
- Wie hoch schätzen Sie die monatlichen Belastungen für etwaige Kredite?
- Wie hoch ist Ihre monatliche Liquiditätsreserve?
- Wie hoch schätzen Sie den Umsatz (drei Jahre)?
- Wie hoch schätzen Sie die Kosten (drei Jahre)?
- Wie hoch schätzen Sie den Gewinn (drei Jahre)?

4. KONZEPT

Was macht Ihr Geschäft einzigartig? Wie sehen Ihre konkreten Vorstellungen aus? Was sind Ihre Ziele? Haben Sie sich hierzu bereits genügend Gedanken gemacht und diese ausführlich zu Papier gebracht? In der Regel haben angehende Gastronomen eine wahre Flut an Visionen und innovativen Ideen – allerdings nur in ihrem Kopf, weniger in einem umfassenden Konzept. Bevor Sie in Kapitel 8 erfahren, was einen fundierten Businessplan ausmacht, sollten Sie sich schon jetzt darüber im Klaren sein, dass es in jedem Fall (ob mit oder ohne Fremdfinanzierung) nötig ist, Ihrem individuellen Konzept einen professionellen Rahmen zu verpassen.

EIN WAHRER SCHATZ: IHRE KREATIV-LISTE

MEIN TIPP: Fragen Sie sich in dieser Phase bitte nicht, ob eine Idee in drei Jahren immer noch funktionieren könnte. Schreiben Sie tatsächlich alles auf, was Ihnen sowieso seit einer geraumen Zeit durchs Gehirn rattert.

Wenn Sie bereits jetzt Ihre eigenen Ideen bewerten, blockieren Sie damit im Zweifel Ihren Gedankenfluss. Abgesehen davon bietet Ihnen das Anfertigen Ihrer Kreativ-Liste gleich mehrere Vorteile: Sie können nichts vergessen. Sie können Ihre Notizen zu jeder Zeit wieder hervorholen, falls Sie gerade in einer kreativen Sackgasse stecken und auf der Suche nach etwas Neuem sind. Und Sie können nach reiflicher Überlegung und entsprechender Praxiserfahrung den Nonsens streichen und damit die Spreu vom Weizen trennen.

Fakt ist, dass Sie während der Gründung Ihrer neuen Existenz schon viel zu viel gedanklichen Ballast mit sich herumschleppen. Sehen Sie Ihre Kreativ-Liste also als Ihren Katalysator, Ihren nützlichen Begleiter und vielleicht sogar Retter in der Not.

DER RICHTIGE NAME

Im Zusammenhang mit einem fundierten Marketing darf natürlich eines nicht fehlen: Ihr Name beziehungsweise die Frage: Wie wird Ihr Gastro-Betrieb heißen und unter welcher Rechtsform wird er geführt? Haben Sie bereits eine konkrete Vorstellung oder grübeln Sie noch? Manchmal ist es ratsam, den Namen eines Restaurants oder einer Bar einfach zu übernehmen. Allerdings nur, wenn der Laden gut lief und am Standort positiv angenommen wurde. Sollte der Vorbesitzer jedoch einen fragwürdigen Abgang gemacht haben, dann ist es natürlich immer besser, ganz von vorn anzufangen. Vielleicht kreieren Sie einen Kunstnamen, wählen ein Akronym oder eine Ableitung (z.B. XION, Eselsbrücke, 3 Schwestern oder auch die FETTE KUH). Allerdings sollten Sie genau prüfen, ob Ihr Firmenname nicht bereits vergeben ist. Nutzen Sie hierzu einfach die Internetsuchmaschinen oder einschlägige Portale wie www.tripadvisor.de.

Auch am Ende dieses Kapitels finden Sie eine Checkliste, die Ihnen dabei hilft, die zahlreichen Ideen in Ihrem Kopf zu sortieren, um in einem zweiten Schritt alles geordnet aufs Papier bringen zu können.

Fürs Erste reichen hierzu allerdings Schreibblock und Stift. Unabhängig, wo Sie gerade stehen, lassen Sie Ihren Gedanken freien Lauf und beschreiben Sie Ihre Vision von Ihrem Geschäft. Im Rahmen der Konzepterstellung spielt insbesondere die Frage nach dem sogenannten Alleinstellungsmerkmal (Unique Selling Point: USP) eine entscheidende Rolle, das im Übrigen nicht nur für die Entscheidungsträger in Bezug auf Förderleistungen und Gewerbekredite interessant ist. Sie selbst sollten sich jetzt fragen, was Sie Ihren potenziellen Kunden bieten können, was die Konkurrenz nicht hat?

WAS MACHT SIE EINZIGARTIG?

Alleinstellungsmerkmale sollten für die anvisierte Zielgruppe möglichst wichtig, wahrnehmbar und dauerhaft sein. Ihre Gäste müssen wissen, was genau sie bei Ihnen erwartet und sich darauf verlassen können. Und auch Sie können sich quasi auf eine Sache (Ihren USP) konzentrieren und alles andere strategisch darauf ausrichten. Bieten Sie beispielsweise eine kulinarische Auswahl selbstgemachter Torten oder Petits Fours, dann könnten Sie diese mit ausgesuchten Dessertweinen oder exklusiven Tee- sowie Kaffeesorten kombinieren und so gleich zwei Alleinstellungsmerkmale präsentieren.

Die zu Ihrem Angebot passende Einrichtung sorgt dann für das richtige Drumherum. Insofern ist es durchaus möglich, auch mehrere Alleinstellungsmerkmale zu finden, diese sollten jedoch aufeinander abgestimmt sein und sich gegenseitig ergänzen.

MEIN TIPP: Sollten Sie über keine ausgeprägte Individualität verfügen und sich schwer tun mit dem Finden eines USP, dann binden Sie Ihre Mitarbeiter oder Freunde ein und machen ein gemeinsames Brainstorming. Bei einem guten Glas Wein oder einem frisch Gezapften werden die Ideen garantiert nur so sprudeln.

Kommunizieren Sie Ihre Exklusivität sowohl nach außen als auch nach innen. Denn der USP ist das Herzstück Ihres Marketings, von dem nicht nur Ihre Kundschaft, sondern vor allem Ihre Mitarbeiter überzeugt sein sollten.

IHR KONZEPT SOLL SIE UND IHRE MITARBEITER MOTIVIEREN

Denn kaum etwas ist so traurig wie eine schlecht gelaunte Kellnerin, die der interessierten Kundschaft gelangweilt die Speisekarte vorliest. Damit verdirbt sie nicht nur den Gästen den Appetit und die Lust auf ein zweites Mal, sondern vor allem Ihnen das Geschäft. Gerade am Beginn einer Existenz ist die Motivation am höchsten. Nutzen Sie diese Synergie und machen Sie sich und Ihrem Personal immer wieder bewusst, was Sie Großartiges zu bieten haben. Sie werden sehen, dass die Arbeit viel leichter von der Hand geht, wenn Sie alle entsprechend motiviert sind. Mit einem strahlenden Lächeln und einer positiven Ausstrahlung werden Sie Ihre Gäste viel besser von sich und Ihrem Angebot überzeugen können. Bei einer späteren Produkteinführung oder -modifikation können Sie auf diese Erfahrungen zurückgreifen.

MEIN TIPP: Verwahren Sie deshalb Ihre Kreativ-Liste an einem sicheren Ort und hüten Sie sie wie einen Schatz. Wenn es Ihnen einmal nicht so gut geht (und das wird es über kurz oder lang), dann können Sie darauf zurückgreifen, neue Ideen hinzufügen, alte streichen und sich somit wieder auf Ihre Visionen, Ihre Ziele und Ihre Stärken konzentrieren.

Falls Sie den Absatz mit der Kreativ-Liste überblättert haben, sollten Sie spätestens jetzt damit beginnen, Ihre Visionen aufzuschreiben und Ihr Alleinstellungsmerkmal zu formulieren. Die folgende Checkliste hilft Ihnen dabei.

CHECKLISTE: KONZEPT

- Was sind die wichtigsten Merkmale Ihres zukünftigen Betriebes?
- Was zeichnet Sie und Ihre Mitarbeiter aus?
- Welche Gäste wollen Sie in Ihrem Lokal?
- Wie soll Ihr Angebot aussehen?
- Wo wollen Sie in einem Jahr stehen?
- Was macht Ihr Unternehmen einzigartig?
- Haben Sie den schönsten Ausblick?
- Bieten Sie das reichhaltigste Brunch-Buffet im Umkreis von ...?
- Sind die Preise für Ihr Business-Lunch unschlagbar?
- Machen Sie alles selbst (Brot, Kuchen, Desserts etc.)?
- Stammen Ihre Zutaten aus regionalem Anbau oder Bio-Zucht?
- Rösten Sie Ihren Kaffee selbst?
- Wer fühlt sich bei Ihnen am wohlsten: Mütter, Freaks, Banker, Rentner?
- Bieten Sie Spezialitäten aus der eigenen Schlachtung, Räucherei o.ä.?
- Sind Sie ein ausschließlich vegetarisches/veganes Restaurant?
- Sind Ihre Cocktails/Ihre Weine die besten in der ganzen Region/Stadt?
- Hat Ihre Küche bereits vormittags geöffnet oder schließt erst nach 22.00 Uhr?

- Oder bieten Sie sogar eine exklusive Ausstellung zeitgenössischer Kunst etc.?
- Veranstalten Sie Konzerte, Lesungen oder Vernissagen?
- Dürfen Künstler in Ihren Räumlichkeiten ausstellen?
- Sind Sie die geeignete Lokalität für Skat- oder Vereinsabende?
- Lassen Sie es krachen mit Karaoke & Co.?
- Oder bieten Sie Ruhe und Gemütlichkeit mit einem ausgesuchten Ambiente, Freisitz etc.

5. MARKT

„Die Klage über die Stärke des Wettbewerbs ist in Wirklichkeit meist nur eine Klage über einen Mangel an Einfällen.“, soll einmal der deutsche Industrielle und Schriftsteller Walter Rathenau gesagt haben. Bei diesem Spruch handelt es sich keineswegs um den berühmten Schnee von gestern. Ganz im Gegenteil! Nur wer kreativ, kundenorientiert und qualitativ hochwertig seinen Gästen etwas bietet, wird sich über ein volles Haus und gute Umsätze freuen. Doch nicht selten geht dieses Credo in der gastronomischen Praxis und im hektischen Alltag unter.

Wenn Sie Kapitel 4 sorgfältig gelesen und Ihr Alleinstellungsmerkmal bereits gefunden haben, dann sind Sie vielen Gastronomen bereits ein großes Stück voraus. Denn die wenigsten Existenzgründer machen sich tatsächlich Gedanken darüber, wie und was sie anbieten können, um sich von ihren Mitbewerbern zu unterscheiden. Und wenn, vergessen sie dabei meistens, dass dieses einzigartige Nutzungsversprechen gegenüber dem Kunden nicht allein auf Speisen und Getränke beschränkt sein sollte. Der heutige Gast sucht neben gutem Essen und Trinken vor allem das Erlebnis. Satt wird er in der Regel auch zu Hause.

DIE KONKURRENZ SCHLÄFT NICHT!

Gerade in Großstädten ist der Markt heiß umkämpft. Der Wettbewerb wird zunehmend härter. In Bezug auf die Gastronomie-Branche sprechen Ökonomen nicht umsonst vom sogenannten Verdrängungsmarkt. Zu viele Wirte teilen sich eine stetig verändernde und zunehmend anspruchsvollere Kundschaft. Jeder Berliner, Hamburger, Münchner, Leipziger, Kölner oder Rostocker kennt das Problem: das Angebot ist ausgewogen und vielfältig, die Nachfrage launisch und bisweilen saisonal schwankend.

Doch das ist sie in vielen anderen Branchen auch. Deshalb sollten Sie also nicht gleich den Kopf in den Sand stecken. Natürlich bedarf es in Berlin-Friedrichshain, Kreuzberg und Prenzlauer Berg, in Münchens City oder aber am Ufer der Ostsee eines größeren Quäntchens Mut, Kreativität sowie Durchhaltevermögen. Doch das Geheimnis ist letztlich an jedem Ort der Welt dasselbe:

IHR ANGEBOT MUSS ZUM MARKT PASSEN!

Wenn Sie nun also schriftlich fixiert haben, wo Ihre Stärken liegen, dann sollten Sie nun prüfen, inwieweit Ihr Angebot zum Markt passt. Dazu ist es in jedem Fall wichtig, einen gründlichen Blick auf die Konkurrenz und Ihre Zielgruppe werfen. Wenn sich Ihr Betrieb beispielsweise direkt neben einem Seniorenheim in ruhiger Lage befindet, wäre es fatal, eine Szene-Kneipe mit wöchentlichen Live-Events zu betreiben. Liegt Ihr USP aber genau dort, sollten Sie über die Art der Musik oder aber eine andere Location nachdenken.

BEURTEILEN SIE IHREN STANDORT

Die Lage eines Betriebes ist je nach Konzept und Zielgruppe ausschlaggebend. Bestimmte Konstellationen könnten sich als äußerst schwierig erweisen. Beispiele: ein Gourmet-Tempel im Einkaufszentrum, ein Familienlokal in einem Industriegebiet, ein Fast-Food-Restaurant in einer teuren Wohngegend, eine Disko neben einer Kita oder Schule. Prüfen Sie deshalb Ihre Umgebung genau bei Google Maps und vor Ort. Studieren Sie auch die Bevölkerungsstruktur. Dafür eignen sich sogenannte Kommunalprofile, die Sie im Internet für nahezu jedes Bundesland finden, u.a. hier: www.it.nrw.de/kommunalprofil.

Neben der passenden Zielgruppe (vgl. Kapitel 6) sollten Sie im Rahmen der Marktanalyse natürlich die Konkurrenz nicht außer Acht lassen. Möchten Sie beispielsweise ein Bio-Restaurant eröffnen, dann prüfen Sie, ob es im Umkreis bereits ähnliche Lokalitäten gibt. Zwar heißt es häufig „Konkurrenz belebt das Geschäft", doch der sogenannte Verdrängungsmarkt ist nichts für schwache Nerven. Überlegen Sie vorher, ob Sie sich diesem „Kampf" stellen und tatsächlich das fünfte Steakrestaurant in der Straße eröffnen wollen. Vielleicht feilen Sie aber auch noch einmal an Ihrem Alleinstellungsmerkmal, stellen also konkreter heraus, was Sie von der Konkurrenz abhebt und finden so eine Marktnische, die noch besser zu Ihnen und Ihrem Umfeld passt.

DIE MARKTANALYSE – BESTANDTEIL EINES SOLIDEN BUSINESSPLANS

Wie bereits erwähnt, sollte jeder Existenzgründer nicht nur sein Konzept im Blick haben, sondern sich in diesem Zusammenhang natürlich auch für das branchenspezifische Umfeld interessieren. Denn vor allem wenn Geldgeber überzeugt werden müssen, ist eine systematische Marktanalyse zwingend erforderlich. Aber auch mit genügend Eigenkapital sollten Sie im Vorfeld genau wissen, wo und mit welchen Perspektiven Sie Ihr Geld investieren.

Bei der Marktanalyse geht es also grundsätzlich um die Beschaffung von Informationen über die Branche, potenzielle Kunden, den Wettbewerb - eben über alles, was Ihr Angebot und entsprechende Absatzmöglichkeiten betrifft. Nur wenn Sie sämtliche Einflussfaktoren kennen, ergibt sich ein klares Bild über die tatsächlichen Zusammenhänge von Angebot und Nachfrage für Ihr Produkt beziehungsweise Ihre Dienstleistung. Erst dann lassen sich Entscheidungen in Bezug auf den sogenannten Marketing-Mix treffen, der insbesondere Ihre Zielgruppe, Ihre Produktpräsentation und Ihre Preisgestaltung betrifft.

MEIN TIPP: Beobachten Sie den Wettbewerb und seien Sie vor allem selbstkritisch, aber auch innovativ und offen für

Neues! Besuchen Sie Fachmessen und interessieren Sie sich für die Branche (z.B. Food-Trends). Natürlich können Sie auch bei der Konkurrenz „spionieren". Als Inkognito-Gast bei Ihren Mitbewerbern haben Sie die Möglichkeit, einfach und schnell eine Qualitäts- und Preisrecherche durchzuführen. Achten Sie bestenfalls zu unterschiedlichen Tageszeiten sowohl auf den Service als auch auf die Zufriedenheit der Gäste. Und natürlich sollten Sie die Speisekarte der Konkurrenz eingehend studieren. Im Übrigen können Sie solche Testbesuche von der Steuer absetzen.

CHECKLISTE: MARKT

- Wie gesättigt ist der Markt für Ihre Geschäftsidee?
- Ist der Markt überhaupt fähig, Ihr Angebot anzunehmen?
- Wie sieht die wirtschaftliche Situation der Branche aus?
- Wie groß ist das Potenzial des Marktes (Zukunftsaussichten)?
- Sind Veränderungen/Trends am Markt erkennbar oder möglich?
- Wie sind die Rahmenbedingungen (z.B. neue Gesetze, Trends etc.)?
- Wie hoch sind die Chancen für Ihr Angebot?
- Welche Umstände können den Absatz (positiv/negativ) beeinflussen?
- Welche Mitbewerber gibt es im direkten Umfeld?
- Wie hoch sind die Preise der unmittelbaren Konkurrenz?
- Welches Niveau streben Sie an (Fast-Food oder High-End)?
- In welches Preissegment ist Ihr Geschäft einzuordnen?
- Wo liegen die Stärken und Schwächen der Wettbewerber?
- Was macht Ihr Geschäft so einzigartig (USP)?
- Wie sind die Standortbedingungen (Parkplätze, ÖPNV, Lauflage)?
- Wie ist das soziale Umfeld (Einkommensgefälle, Bevölkerungsstruktur)?

- Wie lief das Geschäft beim etwaigen Vorbesitzer (Umsatz, Prestige)?
- Welche Bedürfnisse/Ansprüche haben Ihre potenziellen Kunden?
- Wie sieht Ihre Zielgruppe aus?

6. ZIELGRUPPE

Nicht nur der Gastro-Markt im Allgemeinen, sondern insbesondere die Gäste haben sich in den letzten Jahren immens verändert. Sie sind anspruchsvoller geworden, kritischer und fordern Qualität, Ausgewogenheit und nicht zuletzt gesunde Produkte aus nachhaltigem, umweltverträglichen Anbau.

DER KUNDE VON HEUTE WILL NICHT NUR SATT WERDEN, SONDERN GESUND, INNOVATIV UND „POLITISCH KORREKT" GENIESSEN

Viele Gastro-Betriebe machen einen entscheidenden Fehler: Sie handeln nach dem Spaghetti-Prinzip und wollen möglichst alle Menschen mit Ihrem Angebot ansprechen. Aber Menschen haben unterschiedliche Geschmäcker, Bedürfnisse und Interessen. Nicht jedem muss Ihre Speisenauswahl, die Dekoration, die Location oder die Art der Präsentation gefallen. Bieten Sie beispielsweise das größte Steak der Stadt, werden Sie damit keine Vegetarier überzeugen. Müssen Sie aber auch nicht. Verabschieden Sie sich von dem Gedanken, es allen und jedem rechtmachen zu wollen, denn damit würden Sie scheitern.

Wenn Sie Ihren Gastro-Betrieb erfolgreich führen wollen, müssen Sie wissen, wer zu Ihnen passt. Überlegen Sie deshalb ganz genau, wen Sie ansprechen wollen.

WER IST IHR IDEALER GAST?

Um das herauszufinden, erstellen Sie am besten eine Mini-Biografie für Ihren idealen Gast: Alter – Wohnort – Einkommen – Ansprüche – Wünsche – Interessen – Vorlieben. Das mag zunächst seltsam klingen, aber glauben Sie mir: Wenn Sie sich die Zeit nehmen, werden Sie schnell merken, was gezieltes Marketing bewirken kann.

Ein Beispiel: Wenn Sie ein High-End-Restaurant mit exklusiver Atmosphäre, exzellentem Service und hochwertiger Küche eröffnen wollen, sind naturgemäß die Kosten weitaus höher als bei einem Imbiss. Aber auch die Klientel ist eine andere. Sowohl Einkommen als auch Ansprüche dieser Zielgruppe sind deutlich höher. ABER solche Gäste sind auch bereit, für Exklusivität und Qualität einen angemessenen Preis zu zahlen. Wer hingegen in einen Imbiss geht, erwartet keine Sterne-Küche, sondern preiswertes und schnelles Essen. Natürlich kann man auch Currywurst mit Champagner servieren, wie beispielsweise im „DUKE“ oder „Bier's Kudamm 195“ in Berlin. Aber das gelingt nur, wenn Sie Menschen finden, die dies als stilvoll empfinden und wissen, dass ebenjenes Menü mindestens 12,00 Euro kostet.

SPEZIALISIEREN SIE SICH

Aber einmal abgesehen von vorübergehenden Trends sollten Sie nicht von Schnitzel bis Carpaccio, von Bier bis Champagner, vom Kindereisbecher bis zum Parfait alles anbieten. Jede Zielgruppe bringt unterschiedliche Voraussetzungen und Ansprüche mit, wünscht sich ein anderes Ambiente, einen anderen Service, eine andere Speisenauswahl. Selbst die Öffnungszeiten sollten auf die jeweilige Zielgruppe abgestimmt sein. Es gibt kein Restaurant, das alle gleichermaßen lieben. Denn es liegt in der Natur der Sache, dass der 20-jährige Student einen anderen Geschmack hat als der 70-jährige Pensionär – und das ist auch gut so.

FÜR LANGWEILIGES MITTELMASS GIBT HEUTE NIEMAND MEHR GELD AUS

Fragen Sie sich: Wie und für wen soll Ihr Gastro-Betrieb ausgerichtet sein? Wo wollen Sie hin? Wer passt zu Ihnen? Für welche Zielgruppe würden Sie am liebsten in Ihrem Restaurant, Bistro oder Café arbeiten?

Ist es beispielsweise die Gruppe ...

- TWENS: 20- bis 30-Jährige, die offen für Neues sowie für jeden Spaß zu haben sind?
- TRENDS: trendbewusste Kunden, die gern ausgefallene Speisen und Getränke probieren.
- BUSINESS: Geschäftsleute, die mittags schnell und ausgewogen satt werden oder das Geschäftsessen am Abend stilvoll aber ungestört genießen möchten?
- FAMILY: Familien oder Alleinerziehende, die Geselligkeit lieben sowie großen Wert legen auf eine nervenstarke Bedienung, familienfreundliche Speisen und ein kindgerechtes Umfeld?
- OLDIES: konservative, ältere Gäste, die eine traditionelle Kost, kleine Portionen und die Gemütlichkeit schätzen?
- SZENE: Gruppierungen, die beispielsweise eine gemeinsame Musikrichtung bevorzugen (Trance, Heavy Metal, Punk etc.)

Neben Ihren persönlichen Wünschen ist zu bedenken, dass die von Ihnen gewählte Zielgruppe Ihrem Konzept entsprechen muss. Prüfen Sie deshalb noch einmal, ob die Zielgruppe zu Ihrer Persönlichkeit, Ihren Leistungsmerkmalen und Ihrem USP passt.

IHRE ZIELGRUPPE ENTSPRICHT IHREM USP – NICHT UMGEKEHRT!

Entscheidend ist nun noch die Frage zu klären, ob und wie Sie von Ihrer Zielgruppe wahrgenommen werden. Die eigene Meinung ist dabei nicht zwangsläufig repräsentativ und unterscheidet sich mitunter von der Wahrnehmung Ihrer Zielgruppe beziehungsweise Ihrer Gäste. Deswegen sollten Sie Ihr Umfeld befragen. Natürlich können Sie in Ihrem Bekannten-/Verwandtenkreis damit beginnen. Wenn Sie tatsächlich vorhaben, eine Existenz in der Gastronomie zu gründen, dann kennen Ihre Freunde und Ihre Familie im Zweifel sowieso längst Ihre Visionen. Umso mehr sollten Sie diese Jury nutzen und tatsächlich fragen:

WIE WIRKE ICH AUF ANDERE?

Als zweiten Schritt sollten Sie unbedingt das Umfeld Ihres neuen Geschäfts eingehender betrachten. Welche Restaurants, Bars, Cafés finden sich links und rechts? Welche Art von Publikum verkehrt/wohnt dort? Falls Sie diese Analyse bereits mit Kapitel 5 erledigt haben, können Sie nun darauf zurückgreifen. Ansonsten lohnt sich der Blick vor die Haustür allemal! Denn – wie gesagt – Ihre Zielgruppe muss zu Ihnen passen.

Sind Sie beispielsweise ein sehr akkurater Mensch, der in einem früheren Leben vielleicht Jura studiert hat, dann könnte es sein, dass Sie mit einer Szene-Kneipe nicht zwangsläufig erfolgreich werden. Gehen Ihnen Kinder auf die Nerven oder haben Sie Angst vor dem Älterwerden, dann sollten Sie nicht unbedingt Ihren Fokus auf die Zielgruppe „FAMILY“ oder „OLDIES“ legen.

Analysieren Sie sich selbst und Ihre potenziellen Gäste. Entwickeln Sie eine gewisse Übung im Vergleichen, denn dasselbe werden Ihre Kunden auch tun. Der große Unternehmer Jack Welch sagte einmal: „Der Kunde vergleicht uns mit der Konkurrenz und stuft uns entweder als besser oder als schlechter ein. Das geht nicht sehr wissenschaftlich vor sich, ist jedoch verheerend für den, der dabei schlechter abschneidet.“

DIE BESTE WERBUNG SIND ZUFRIEDENE GÄSTE!

Erst wenn Sie die richtige Zielgruppe für sich gefunden haben, sollten Sie an Werbung denken, wobei alle Werbemaßnahmen auf Ihre Zielgruppe zugeschnitten sein sollten. Viele Gastronomen verlassen sich auf Mundpropaganda oder hoffen darauf, dass eine einmalige Flyer-Aktion oder eine Anzeige in einer Tageszeitung die gewünschte Wirkung erzielt. Doch lesen Ihre Gäste überhaupt Zeitung? Selbst wenn dies der Fall wäre, erreichen Sie mögliche Kunden damit nur an einem Tag. Danach landet die Zeitung samt Anzeige in nassen Schuhen oder im Altpapier.

Nicht jede Werbung bringt also Gäste ins Haus. Es gibt viele Möglichkeiten, wie Sie Ihr Unternehmen bekannt machen können. Welche Werbeträger Sie am Ende wählen, sollten Sie sich sorgfältig überlegen und gegebenenfalls mit einem Fachmann besprechen. Zunächst gilt: Werben Sie nur dort, wo Sie auch Ihre Zielgruppe erreichen. Näheres zum Thema erhalten Sie übrigens im Booklet „Basics & Essentials" oder auf www.gastro-coaching.com.

Auch am Ende dieses Kapitels finden Sie eine Checkliste, die Sie dabei unterstützen wird, von Anfang an im richtigen Teich zu fischen ...

MEIN TIPP: Quälen Sie sich immer noch damit, Ihr Alleinstellungsmerkmal (USP) zu finden? Je nach Art und Kundschaft könnten Sie Ihrem Geschäft gegebenenfalls mit Vernissagen, Buchlesungen, Galerien, ausgefallenen Menüs, Motto-Partys oder gar Skatabenden helfen, sich von der Konkurrenz abzuheben. Gehen Sie Ihre Speise- beziehungsweise Getränkekarte durch und bieten Sie Exklusivität. Seien Sie einzigartig!

CHECKLISTE: ZIELGRUPPE

- Was biete ich?
- Wie hebe ich mich von der Masse ab (USP)?
- Wo und in welchem Umfeld ist mein Gastro-Betrieb?
- Wie wirke ich auf andere?
- Wie sieht mein idealer Gast aus (Einkommen, Ansprüche, Interessen etc.)
- Welche Zielgruppe passt zu mir (TRENDS, BUSINESS, OLDIES, SZENE etc.)
- Bringe ich genügend Erfahrungen und Wissen für diese Zielgruppe mit?
- Passt meine Persönlichkeit, meine Location, mein Ambiente, meine Küche, mein Umfeld zu dieser Zielgruppe?
- Ist die Zielgruppe groß genug?
- Welche Werbeträger erreichen meine Zielgruppe am besten?
- Beschäftige ich mich bereits mit den modernen Medien (Internet)?
- Welche Vorteile bieten mir die sozialen Netzwerke?

7. PREISE

Viele Gastronomen beobachten zwar ihre Mitwerber, kommen dann aber zu dem einzigen Schluss, dass sie preiswerter sein müssen als die Konkurrenz. Der Preiskampf beginnt ... und endet oft direkt in der Pleite. Geiz ist nicht immer geil und billig in den wenigstens Fällen die richtige Werbung. Denn Preisdumping ist definitiv die falsche Wahl und widerspricht darüber hinaus jeder Grundlage einer soliden kaufmännischen Kalkulation. In Zeiten steigender Energiepreise, Personal- und Betriebskosten, der zunehmenden Nachfrage nach hochwertigen Produkten sowie einem immer höheren finanziellen Aufwand müssten Sie am falschen Ende sparen, um nicht selbst zu verhungern.

Die wenigsten Gastronomen verfügen über ein zweites Standbein und damit über eine weitere Einnahmequelle, um alle Ausgaben zu decken, den persönlichen Bedarf zu finanzieren sowie das unternehmerische Risiko zu tragen. Kaum jemand hat einen millionenschweren Lebenspartner, eine reiche Erbtante oder nutzt sein Geschäft als Steuersparmodell. Der Gewinn muss also in der Regel in Ihrem Restaurant, Ihrer Bar oder Ihrem Café erwirtschaftet werden.

Das Gesetz der kleinen Zahlen taugt zwar für Fast-Food-Ketten oder YouTuber, aber im allgemeinen Gastro-Gewerbe wird auf konservative Weise Geld verdient. Und das gelingt eben nur mit entsprechenden Preisen. Und dabei ist nicht derjenige erfolgreich, der die niedrigsten Preise anbietet, sondern immer nur der, der die Kundenbedürfnisse am besten befriedigen kann.

PREISGESTALTUNG IST PSYCHOLOGIE

Es ist ein Trugschluss zu glauben, dass der Gast nur in Bestelllaune versetzt wird, wenn ihm Gratisangebote und Preisrabatte präsentiert werden. Die „Happy Hour" kann gelegentlich für Leerlaufzeiten genutzt werden. Wer sich aber ein Stück weit mit der Wahrnehmungspsychologie befasst, könnte grundsätzlich stilvoller und sogar besser abschneiden. Hierfür gibt es im Großen und Ganzen drei Grundregeln:

SORTIEREN SIE RICHTIG!

Der Gast ist darauf trainiert, vor allem die Gerichte außer Acht zu lassen, die in der Regel weiter unten auf der Speisekarte zu finden sind. Ähnlich verhält es sich beispielsweise im Supermarkt, nur dass dort die teuren Produkte oben stehen. Wenn die Speisen und entsprechenden Preise allerdings keiner systematischen Struktur folgen, sticht weder das teuerste noch das preiswerteste Gericht oder Getränk ins Auge. Schreiben Sie groß, was Sie gut können.

Bewerben Sie die Produkte, welche sich gut verkaufen. Und das hängt nicht immer unmittelbar mit dem Preis zusammen. Wenn Sie in einem Restaurant nach Weißwein fragen und der Kellner/Sommelier Ihnen eine bestimmte Sorte empfiehlt, interessieren Sie sich dann für den Preis? Natürlich wird er Ihnen einen hervorragenden Wein vorschlagen, vielleicht aber auch den, der etwas teurer ist als die anderen.

KLEINVIEH MACHT AUCH MIST

Hohe Preise schrecken ab. Wenn viele kleine Gerichte am Ende teurer sind, als ein großes Hauptgericht, dann wird der Kunde dennoch zufrieden sein und glauben, er hätte die richtige Wahl getroffen. Nicht nur Pfennigfuchser geben lieber drei Mal 4,99 Euro als einmal 15 Euro aus. Setzen Sie also mehr Kleinigkeiten auf die Karte, die jede für sich preiswert erscheint, aber allein niemals den Hunger stillt. Auch wenn der Trend wieder zu guter Hausmannskost (New Classic) zurückgeht, ist damit noch längst nicht das Schnitzel XXL gemeint. Nicht erst seit 2016 prognostiziert uns Hanni Rützler in ihren „Food Trends" unter anderem eine „saubere Speisekarte". Damit ist zwar nicht nur schlichter Purismus und leichte Kost gemeint, sondern vielmehr der Ruf nach mehr Qualität, Tier- und Umweltschutz. Der Kunde weiß heute in der Regel, dass gutes Lamm- oder Kalbfleisch weitaus mehr kostet als Schweinegammel.

Der moderne Gast möchte ausgewogene, gesunde und nachhaltige Vielfalt und manchmal soll es einfach nur schnell gehen. Deshalb bieten Sie neben einigen Hauptgerichten überwiegend Snacks, Suppen, Sandwiches und Salate an. Richtig zubereitet hat das überhaupt gar nichts mit Junkfood zu tun - auch wenn Sie sich über den „2go-Service“ sehr wohl eine zweite Einnahmequelle sichern könnten.

BEILAGEN BITTE EXTRA!

Der Kunde ist wählerisch? Na und! Dann lassen Sie ihn und bieten eine Fülle von Beilagen separat an. Die Kalbshaxe, der Edelfisch oder das Rindersteak wirken nicht mehr so teuer, dafür darf der Kunde entscheiden, ob er dazu lieber Salzkartoffeln, Reis und/oder verschiedene Sorten Gemüse haben möchte ... und zahlt extra. Auch damit würden Sie im Übrigen voll im Trend liegen. Denn die klassische Beilage hat bald ausgedient, dafür verzichten immer mehr auf den Star auf dem Teller: das Fleisch. Vielleicht spezialisieren Sie sich auf raffiniert zubereitetes Gemüse in allen möglichen Variationen. Der gesundheitsbewusste Gast darf sich dann quasi ganz offiziell nach dem Baukastenprinzip sein Essen selbst zusammenstellen und muss nicht Angst davor haben, dass die Kellnerin ausflippt. Beachten Sie in diesem Zusammenhang unbedingt eine umfassende Information auf der Speisekarte und in Ihrer Werbung, sonst kann bei der Bestellung leicht Chaos und beim Bezahlen unnötiger Frust entstehen.

MEIN TIPP: Bilden Sie sich fort und partizipieren Sie von den Ideen sowie Praxiserfahrungen anderer. Kalkulieren Sie richtig! In punkto Produkt- und Preiskalkulation geht der betriebswirtschaftliche Trend weg von der Deckungsbeitragsrechnung und hin zum Target Costing. Sollten diese Begriffe für Sie „böhmische Dörfer“ darstellen, dann muss Ihnen allerdings nicht gleich der Angstschweiß ausbrechen.

Denken Sie immer daran, dass die Kalkulation zu Ihrem Geschäft dazugehört wie das Bierzapfen, Kochen, Servieren etc. Bestellen Sie Ihre Waren nach Gutdünken und kalkulieren Sie die Preise nach dem Pi-mal-Daumen-Prinzip, dann gefährden Sie damit Ihre Existenz. Führen Sie keine Statistiken, verlieren Sie irgendwann den Überblick. Speisen vergammeln, weil sie nicht benötigt werden. Oder aber falsch berechnete Preise summieren sich im Laufe der Jahre zu einem immensen Fehlbetrag. Bei der Preiskalkulation geht es also nicht nur um das richtige Preis-Leistungs-Verhältnis für den Kunden, sondern im Besonderen auch um das Kosten-Nutzen-Verhältnis für Sie als Gastronom.

Viele Gastronomen bestimmen die Preise auf ihrer Karte nach dem Warenwert. Kostet also eine Flasche Wein im Einkauf die Summe X, dann wird der Preis auf die Anzahl der Gläser heruntergerechnet und ein bestimmter Prozentsatz einfach oben drauf geklatscht. Aber ist das tatsächlich schon alles? Die Preise für alle Speisen und Getränke setzen sich grundsätzlich aus den folgenden fünf Bestandteilen zusammen:

WARENKOSTEN: Zum Einkauf der benötigen Waren gehören auch die Kosten für die Lieferung beziehungsweise den Transport. Egal ob Sie oder ein Mitarbeiter zum Großmarkt fährt, der Sprit und Fahrzeugverschleiß ist ab sofort keine Privatsache mehr, sondern fließt in die Kosten und damit in die Preiskalkulation ein.

GEMEINKOSTEN: Oft vergessen werden (zumindest teilweise) die fixen und variablen Kosten. Hierzu gehören nicht nur Strom, Gas, Wasser oder Müllentsorgung, sondern auch alle Ausgaben für Wartungen, Dienstleistungen, Pacht sowie regelmäßige Gebühren und Beiträge für Leasingverträge, GEMA, GEZ, Versicherungen und Kreditrückzahlungen.

PERSONALKOSTEN: Nirgendwo ist das Dunkel wohl größer als im Personalbereich der Gastronomie. Von ungelernten Gelegenheitsjobbern bis zum Sternekoch ist alles vorhanden. Auch wenn seit 1. Januar 2015 der Mindestlohn in Höhe von 8,50 Euro in der Gastro-Branche Pflicht ist, sind die Arbeitsverträge nicht immer exakt, Saisonkräfte werden irgendwie aus der Tageskasse bezahlt. Damit Sie richtig und nachhaltig planen können, sollten Sie alle Personalkosten im Blick haben. Also nicht nur die Löhne, Lohnnebenkosten, Sonderzahlungen (z.B. Urlaubsgeld) für Service und Küche, sondern auch für Buchhaltung, Reinigung, Marketing und vor allem sich selbst!

GEWINN: Viele glauben, dass der Gewinn letztlich das ist, was ein Unternehmer für sich privat zur Verfügung hat. Doch das stimmt so nicht. Natürlich beziffert der Gewinn quasi den Lohn für Ihre Mühen und Ihr unternehmerisches Risiko. Doch sollten Sie für eine langfristige Existenz auch immer so viel übrig haben, dass Sie einen finanziellen Spielraum für Investitionen und Innovationen gewährleisten können.

MEHRWERT-/UMSATZSTEUER: Oft vergessen werden bei der Kalkulation auch die derzeitigen 19 Prozent Mehrwertsteuer, die für verarbeitete Speisen und Getränke im Preis enthalten sein müssen. Diese sollten Sie bei der Preiskalkulation in jedem Fall berücksichtigen. Die Mehrwertsteuer aus einem Betrag herauszurechnen (Brutto zu Netto), ist jedoch nicht ganz einfach.

Nutzen Sie hierzu einen Online-Rechner, den Sie u.a. hier finden: www.blitzrechner.de/mehrwertsteuer-berechnen.

KALKULATION IST PRAKTISCHE ANALAYSE

Wie bereits erwähnt, ist es heutzutage nicht mehr ausschließlich Usus, bei der Preiskalkulation eine Deckungsbeitragsrechnung durchzuführen. Damit ist im Übrigen die Analyse der Teilkosten und die Berechnung des Betrages gemeint, der dann die Fixkosten deckt. Hier wird also der Gewinn aus der Differenz der Deckungsbeiträge pro Produkt und den Fixkosten berechnet. Im Gastro-Gewerbe geht der Trend allerdings eindeutig zur Zielkostenrechnung, dem sogenannten Target Costing. Aufgrund des hohen Wettbewerbs und der variablen Nachfrage im Verdrängungsmarkt der Gastronomie wird sich somit mehr nach den Kundenbedürfnissen orientiert - also nach der Frage: „Was darf ein Produkt kosten?" Ausgehend vom Marktpreis wird ein angestrebter Gewinn abgezogen. Übrig bleiben die Kosten, welche auf ein Mindestmaß reduziert werden.

MEIN TIPP: Egal für welche Methode Sie sich entscheiden, behalten Sie in jedem Fall Ihre Kosten im Blick und kalkulieren Sie Ihre Preise unbedingt professionell. Suchen Sie sich Rat bei Ihrem Steuerberater und bleiben Sie am Ball. Denn nichts wird Sie schneller in die Pleite führen als nachlässige Buchhaltung und die Nichtbeachtung kaufmännischer Grundsätze. Näheres über die einzelnen Kalkulationsarten finden Sie im Booklet „Basics & Essentials".

SOFTWARE-TIPP: Natürlich ist im 21. Jahrhundert auch die Preiskalkulation längst im Technikzeitalter angekommen. Sie müssen also keine Karteikarten mehr führen. Leichter und übersichtlicher geht es mit der passenden Kalkulationssoftware. Für Rechnungslegung, BackOffice, Lagerverwaltung, ein mobiles Kassensystem und die Tablet-Speiskarte erhalten Sie beispielsweise bei POS Sector alles aus einer Hand. Weitere Hinweise und den Zugang zum kostenlosen Testen finden Sie auf: pos-sector.de.

CHECKLISTE: PREISE

- Nehmen Sie sich eine feste Zeit, um Ihre Preise zu kalkulieren.
- Eine regelmäßige Kalkulation hilft Ihnen, Verluste zu vermeiden.
- Kennen Sie Ihre Kosten, können Sie nachhaltiger wirtschaften.
- Eine präzise Kosten-/Gewinne-Analyse ist die Basis der Preisbestimmung.
- Vergleichen Sie die Preise im Wettbewerb.
- Preisdumping ist keine Alternative zu kaufmännischer Planung.
- Achten Sie auf alle Kostenarten inklusive Mehrwertsteuer.
- Zu den Personalkosten gehört auch Ihr Gehalt.
- Der Gewinn ist der finanzielle Spielraum für Investitionen.
- Mit Zirka-Zahlen finden Sie nicht die Verkaufsstars auf Ihrer Speisekarte.
- Sorgen Sie für Übersicht im Warenbestand.
- Bei der Lagerung von Zutaten sind passende Behälter sinnvoll.
- Führen Sie Buch über Ihre monatlichen Einnahmen UND alle Ausgaben.
- Achten Sie auf die Einbeziehung aller Zutaten (z.B. Gewürze) in Ihre Kosten.

- Denken Sie daran, dass 500 Gramm Fleisch in der Pfanne weniger werden.
- Beachten Sie saisonale Kosten für Gemüse etc. bei der Preisgestaltung.
- Nutzen Sie präzise Waagen und Messbecher bei der Zubereitung.
- Auch die richtige Portionsgröße ist ausschlaggebend für den Preis.
- Behalten Sie Ihre Zahlen immer selbst im Blick!

8. BUSINESSPLAN

Vielleicht fragen Sie sich, was Sie mit einem Businessplan sollen. Schließlich wollen Sie doch nur mit einem Imbisswagen durch Berlins City fahren, endlich Ihren selbstgebackenen Kuchen im eigenen Kaffeehaus anbieten oder die Kneipe unten an der Ecke übernehmen. Viele Gastronomen denken wie Sie und verlieren irgendwann den Überblick: Sie können sich vor Ideen kaum noch retten, notieren vielleicht die eine oder andere und finden sich irgendwann im Chaos der Zettelwirtschaft wieder. Erfahrungsgemäß reagiert auch das Umfeld nicht gerade mit Freudensprüngen, wenn sich jemand für eine Existenz in der Gastronomie entscheidet. Kennen Sie das? Ins Wirrwarr der Visionen schleicht sich meist ungefragt die kalte Hand der Realität. Fragen kommen auf: Schaffe ich das? Kann ich andere überhaupt von meinem Unternehmen überzeugen?

NAVIGATOR IM IDEEN-CHAOS

Ein Business- oder Geschäftsplan ist Ihr Navigator im dunklen Dickicht des gastronomischen Dschungels. Wer hier überleben will, muss sich auf ein hartes Klima einstellen und vor allem darauf vorbereitet sein, dass jeder Schuss ein Treffer ist. Wenn Sie Ihre Existenzgründung beispielsweise mit der

Vorbereitung einer zweijährigen Expedition an den Amazonas vergleichen, was fällt Ihnen spontan ein? Genau! Niemand, der sich bewusst ins Risiko begibt, wird planlos drauflosstiefeln. Die Qualität der Vorbereitung könnte letztlich über Leben oder Tod entscheiden. Nun ist die Gastronomie-Branche vielleicht nicht ganz der Regenwald am Amazonas, doch Gefahren lauern auch hier – wenngleich in anderer Form.

JE BESSER DIE PLANUNG – DESTO SICHERER DAS ZIEL!

Deshalb ist ein Businessplan nicht ausschließlich für große Gesellschaften oder aber Gründer/innen gedacht, die staatliche Förderungen beantragen wollen. Auch wenn Sie kein Fremdkapital benötigen und nur ein ganz kleines Geschäft eröffnen möchten, sollten Sie unbedingt Ihren individuellen Businessplan erstellen und in jedem Fall gut aufheben. Wie bereits im Kapitel 4 erläutert, sind Konzepte nicht dafür gedacht, in irgendeiner Schublade zu verstauben. Ein Businessplan ist Ihr Navigator, Verwalter und ständiger Begleiter. Er beinhaltet Ihre Ziele, Ihre Visionen aber auch Ihr Konzept, Ihr Alleinstellungsmerkmal und natürlich Ihre Kosten- und Preiskalkulation. Kurzum: Wenn Sie die vorherigen sieben Kapitel gründlich gelesen und sich bestenfalls sogar Notizen gemacht haben, wird die Erstellung Ihres Businessplans zum Kinderspiel.

WAS STECKT DRIN?

Ein Businessplan ist keine wissenschaftliche Abhandlung, sondern soll lediglich Struktur ins Ideen-Chaos bringen und Ihnen dabei helfen, klare Vorstellungen von Ihrem Unternehmen zu entwickeln. Denn mit konkreten Zielen, Strategien und Finanzierungsmöglichkeiten haben Sie ein probates Mittel, Geldgeber, Kunden aber auch die Skeptiker in Ihrem Umfeld von Ihren Visionen zu überzeugen. Im Wesentlichen sollte Ihr Businessplan nicht länger als zehn bis zwölf Seiten sein und die folgenden Punkte beinhalten:

1. PERSON/FEATURES: Vor allem anderen stehen natürlich Sie. Denn Ihre Qualifikationen und persönlichen Features sind die Quelle Ihres Schaffens und der Garant für Ihren Erfolg. Natürlich gehören in diesem Zusammenhang auch die Gründe dazu, warum Sie ausgerechnet in der Gastronomie Ihre Existenz gründen wollen. Außerdem sollten Sie dokumentieren, welche Branchenkenntnisse und kaufmännischen Fähigkeiten Sie mitbringen und was genau Ihre Stärken sind.

2. GESCHÄFTSIDEE: Hierbei geht es nicht unbedingt darum, dass Sie nun mit dem absoluten Knaller im Gastro-Markt einschlagen wollen. Unabhängig von Art oder Umfang Ihrer Geschäftsidee bringen Sie Ihre konkreten Vorstellungen zu Papier und entwickeln Sie so aus einer schwammigen Vision ein reales Ziel. Was wollen Sie tun? Wie und wann wollen Sie Ihre Idee realisieren? Wie ist die derzeitige Situation? Haben Sie bereits Gewerbe und Konzession angemeldet? Gibt es

eine geeignete Location? Warum gerade an diesem Standort? Beachten Sie dabei, dass in der Kürze die Würze liegt. Auch wenn Sie ein fantasievoller Mensch sind, beschreiben Sie bitte nicht die gesamte Bandbreite Ihrer Ideen, sondern Ihr konkretes Vorhaben.

3. UNIQUE SELLING POINT (USP): Auch wenn ausufernde Begeisterung bisweilen Berge versetzen kann, so ist es doch in unserer schnelllebigen Zeit vielmehr die Essenz im großen Fass der Vielfalt, welche überzeugt. Sollten Sie in Kapitel 4 Ihr Alleinstellungsmerkmal noch nicht formuliert haben, dann ist es spätestens jetzt höchste Zeit herauszufinden, womit Sie aus der grauen Masse des Wettbewerbs herausstechen wollen. Formulieren sie kurz und präzise Ihre Stärken, Ihr Produkt beziehungsweise Ihre Dienstleistung und warum diese so einzigartig ist.

4. MARKT/WETTBEWERB: In Kapitel 5 haben Sie die wichtigsten Dinge über den Markt erfahren. Nun sind Sie an der Reihe, diese theoretischen Begriffe in Ihre ganz persönliche Praxis umzusetzen. Mit welchen Mitteln reagieren Sie auf den Wettbewerb? Welche Preisstrategie ist für Sie die richtige? Erst wenn Sie die Marktsituation kennen, können Sie Ihre Zielgruppe bestimmen, Preise sowie Kosten und Gewinne kalkulieren. Natürlich wissen Sie längst, dass Sie Ihren Standort und Ihre potenziellen Kunden analysieren müssen. Im Businessplan geht es um eine realistische Markteinschätzung. Allerdings sollten Sie auch nicht gleich die Flinte ins Korn werfen, nur weil es an Ihrem Standort bereits gastro-

nomische Einrichtungen gibt. Fatal wäre, wenn dies nicht der Fall ist. Denn so wissen Sie, dass überhaupt ein Markt vorhanden ist. Nutzen Sie die Mitbewerber als Ansporn und vielleicht sogar als Mentor. Denn hier können Sie sich gegebenenfalls etwas abgucken und natürlich die Preise vergleichen. Belegen Sie Ihre Beobachtungen unbedingt mit Zahlen (z.B. Statistisches Bundesamt, Branchenbuch, Google-Maps).

5. MARKETING: Die beste Werbung sind selbstverständlich Sie, Ihr Auftreten, Ihr Geschäftsgebaren, Ihre Zahlungsmoral und natürlich Ihre Firmenpräsentation. Deshalb bedeutet Marketing längst nicht nur, Flyer zu verteilen oder bei Facebook Beiträge einzustellen. Der sogenannte MARKTETING-MIX beinhaltet grundsätzlich vier Komponenten, die auch gern als die vier „P" bezeichnet werden: Product, Price, Place, Promotion oder anders ausgedrückt: Angebot, Preis, Vertrieb, Werbung. Nutzen Sie dazu die Tipps aus Kapitel 4 bis 7 dieses Booklets. Nähere Informationen zum Thema Werbung finden Sie auch im Booklet „Basics & Essentials".

6. RECHTSFORM/ORGANISATION: Professionelle Hilfe sollten Sie sich in jedem Fall suchen, wenn es um die Wahl der Rechtsform geht. Ob als Einzelunternehmer, GbR oder gar GmbH – jede Rechtsform hat Vor- und Nachteile. Besprechen Sie Ihre Vorstellungen unbedingt mit einem Rechtsanwalt oder Ihrem Steuerberater und schauen Sie vorab auf: www.existenzgruender.de.

7. ZIELE/AUSBLICKE: Wo sehen Sie sich in einem Jahr? Formulierungen wie „dann bin ich erfolgreich" oder „vielleicht habe ich es dann schon geschafft" helfen Ihnen definitiv nicht weiter. Wer kein klar definiertes Ziel hat, der kann noch so schnell laufen, er wird nicht ankommen. Notieren Sie sogenannte Meilensteine für Ihre konkrete Zielsetzung, die auf Ihrer Geschäftsidee basieren. Dabei sollten Sie bestenfalls für die nächsten drei Jahren planen, wann Sie was und vor allem wie erreichen wollen. Bis wann gelingt Ihnen der Zugang zum Markt? Wann erwarten Sie die ersten Gewinne? Um wie viel Prozent sollen diese in welchen Zeiträumen gesteigert werden? Welche Anzahl von Gästen ist dafür erforderlich? Was wollen Sie konkret unternehmen, um diese Ziele zu erreichen?

8. FINANZIERUNG: Das ist für die meisten Gastronomen der schwierigste Teil. Liquiditätsvorschauen, Rentabilitätsberechnungen sind meistens nur etwas für Zahlenfans. Und dennoch ist es zwingend erforderlich, dass Sie umfassend über Ihre ganz persönlichen Zahlen Bescheid wissen. Denken Sie daran, dass solche Schätzungen keine Arbeitsbeschaffungsmaßnahmen sind. Alle namhaften Unternehmen und ihre Existenzen basieren auf Finanzierungsplänen. Beachten Sie bei Ihrer Finanzplanung bitte unbedingt Ihre persönlichen Fixkosten. Hoffen Sie nicht, dass am Ende des Monats schon irgendwie Geld übrig bleiben wird. Denken Sie immer daran, dass ohne Sie der Laden nicht läuft. Deshalb sollten Sie stets pünktlich Ihre Krankenversicherung zahlen und genügend finanzielle Mittel zur Verfügung haben, um sich zumin-

dest einen grundsätzlichen Lebensstandard leisten zu können. Wenn Sie nicht weiter wissen, fragen Sie Ihren Steuerberater und nutzen Sie Kapitel 3.

9. CHANCEN UND RISIKEN: Nicht nur für Geldgeber ist die glasklare und vor allem reelle Bewertung Ihres Unternehmens das berühmte Sahnehäubchen. Sie selbst sollten sich eingehend damit auseinandersetzen, welche Chancen aber auch Risiken die Branche für Sie bereithält. Zeigen Sie solides Verantwortungsbewusstsein und reden Sie niemals alles schön. Andererseits hilft Ihnen auch kein Worst-Case-Szenario. Schätzen Sie Ihre Situation und Zukunft also realistisch ein, beschreiben Sie drei Faktoren, die sich positiv auf Ihr Geschäft auswirken können, und parallel dazu drei negative Einflussmöglichkeiten. Selbstverständlich sollten Sie auch hier nicht nach Ihrem Bauchgefühl gehen, sondern Ihre Argumentation mit Zahlen, Daten und Fakten belegen.

10. UNTERLAGEN: Wenn Sie bis hier hin gelesen und bestenfalls schon die ersten Ausarbeitungen gemacht haben, dann sind Sie auf dem richtigen Weg. Natürlich möchten Sie lieber endlich die Ärmel hochkrempeln und praktisch arbeiten. Die gute Nachricht ist: Gleich haben Sie es geschafft. Wenn Sie keine Geldgeber überzeugen müssen, können Sie auf diesen Punkt verzichten.

Für einen vollständigen Businessplan benötigen Sie hingegen die folgenden Unterlagen:

- Lebenslauf (tabellarisch)
- Pachtvertrag (Entwurf)
- Leasingverträge (Entwurf) – wenn vorhanden –
- Marktanalysen
- Branchenkennzahlen
- Finanzierungsplan
- Gesellschaftervertrag (Entwurf) – wenn gewünscht -
- Kooperationsverträge (Entwurf) – wenn gewünscht -

Wenn Sie noch nicht überzeugt davon sind, dass ein Businessplan Ihnen viele Vorteile bietet oder aber Sie ein Mensch sind, der gern Dinge abhakt, dann schauen Sie sich die folgende Checkliste an.

CHECKLISTE: BUSINESSPLAN

- Ihr Businessplan ist Ihr Navigator – also eine perfekte Orientierungshilfe.
- Ihr Businessplan überzeugt Geldgeber, Kunden aber auch Skeptiker.
- Ihr Businessplan gibt Ihnen den nötigen Halt und zeigt Ihnen Lösungen auf.
- Ihr Businessplan sollte kein Null-acht-fünfzehn-Modul aus dem Internet sein.
- Ihr Businessplan ist keine wissenschaftliche Abhandlung.
- Ihr Businessplan beinhaltet Ihre konkreten Ideen und Strategien.
- Ihr Businessplan ist Ihre Visitenkarte.

- Wie viel wissen Sie über die Branche und den Markt?
- Wann wollen Sie starten?
- Wie ist Ihr Unternehmen organisiert (Rechtsform, Mitarbeiter)?
- Was bieten Sie an und warum soll es jemand kaufen?
- Wer sind Ihre Kunden und warum?
- Bieten Sie Ihre Produkte besonders exklusiv, preiswert oder hochwertig an?
- Wie hoch sind die Preise am Markt/bei Wettbewerbern?
- Passen Ihre Preise zu Ihren Kosten?

- Wie wollen Sie Ihre Produkte bewerben?
- Passt Ihre Werbestrategie zur Zielgruppe?
- Haben Sie einen finanziellen Puffer?
- Wie hoch ist Ihr Gesamtkapitalbedarf?
- Welches Umsatzvolumen erwartet Sie in den nächsten drei Jahren?
- Wie viele Mitarbeiter wollen Sie beschäftigen (gestaffelt nach drei Jahren)?
- Welche konkreten Ziele haben Sie sich gesetzt?
- Welche Chancen/Risiken sehen Sie in den nächsten drei Jahren?

SIND SIE BEREIT FÜR DIE ERÖFFNUNG?

09

9. ERÖFFNUNG

Wenn Sie hier sparen, haben Sie eigentlich schon verloren. Sowohl Ihre Werbung als auch der große Tag der feierlichen Eröffnung sind Ihr Aushängeschild! Ihr Personal Day! Der offizielle Startschuss für Ihre gastronomische Zukunft. Und denken Sie an den eingangs erwähnten Dschungel. Dieser Schuss sollte ein Treffer sein – genau ins Schwarze. Denn ob Ihnen jemals eine zweite Chance geboten wird, weiß nur der Wind.

GEBEN SIE ALLES UND TREFFEN SIE INS SCHWARZE!

Weder billige Flyer noch billiger Wein machen potenzielle Gäste neugierig oder ermuntern gar zum Wiederkommen. Und nichts ist peinlicher, als in der Anfangsphase vor leeren Tischen zu stehen - ganz zu schweigen vom Motivationsbarometer, das hier schnell und erbarmungslos in den Keller fallen kann. Bei der Eröffnung geht es nicht um Sonderangebote und Ramschverkauf. Hier sollten Sie sich von Ihrer besten Seite zeigen und Ihren Gastro-Betrieb als das präsentieren, was er zukünftig sein soll. Insofern hat das Opening nichts mit Selbstbeweihräucherung oder einer Privatparty gemeinsam. Es dient vielmehr dazu, den Wettbewerbern und

Ihrer potenziellen Kundschaft zu zeigen: Das bin ich. Das ist meine Idee. Das möchte ich euch bieten.

SEIEN SIE EXKLUSIV UND KREATIV!

Die Eröffnung soll für Ihr Umfeld, Ihren Standort ein unvergesslicher Event sein. Was war gleich noch Ihr Alleinstellungsmerkmal? Suchen Sie sich etwas Ausgefallenes, das Ihrem USP entspricht. Bieten Sie ein umfassendes Angebot an vegetarischen Speisen? Dann werben Sie während der Eröffnung mit einer reichhaltigen Auswahl in Probiergrößen als Flying-Buffet. Wollen Sie das Lokal mit den besten Weinen im näheren Umkreis werden? Dann bieten Sie eine entsprechende Verkostung. Und lassen Sie auch Ihre Lieferanten zu Wort kommen. Ob live oder als Multimediapräsentation ist es für Ihre Gäste sicherlich interessant, etwas über die Hintergründe Ihrer exklusiven Zutaten, Ihres Fleischangebots aus regionaler Aufzucht - oder was immer Ihren Gastro-Betrieb ausmacht - zu erfahren. Verbinden Sie Ihre Eröffnung mit einer Buchlesung, einer Vernissage oder dem Live-Auftritt einer namhaften Band, die zu Ihrer Zielgruppe passt. Sind Sie eher beim Skat oder Fußball zu Hause? Dann veranstalten Sie ein Turnier und laden die umliegenden Vereine ein.

DIE GENERALPROBE

Machen Sie vor der offiziellen Eröffnung unbedingt eine Generalprobe! Laden Sie nicht nur Freunde und Verwandte ein, um Ihr Geschäft vorzustellen und für den großen Tag zu üben. Auch Vertrags- und Kooperationspartner, Handwerker oder vielleicht sogar die Vertreter der Konkurrenz sollten auf Ihrer Gästeliste stehen. Denn sie alle könnten sich als wertvolle Multiplikatoren erweisen, die noch vor der offiziellen Eröffnung die beste Werbung für Sie machen.

Bereiten Sie auch diese Veranstaltung ausreichend vor. Sorgen Sie für eine angenehme Atmosphäre und lassen Sie sich den Stress der vergangenen Wochen nicht anmerken. Bauliche Maßnahmen sollten bestenfalls abgeschlossen und der Vorratsschrank gut gefüllt sein. Vereinfachen Sie an diesem Tag den Service, bauen Sie ein Buffet auf und gehen Sie stets mit vollen Getränketabletts durch die Räumlichkeiten. Begrüßen Sie jeden Gast persönlich und verschenken Sie Genuss und Wohlbehagen. Wenn Sie es sich leisten können, dann verzichten Sie an diesem Tag auf das Kassensystem, denn eingeladene Personen sind in der Regel weniger kritisch.

MEIN TIPP: Basteln Sie Ihr Werbematerial nicht allein am Küchentisch, sondern überlassen Sie diese wichtige Aufgabe einem Profi. Planen Sie außergewöhnliche Werbemaßnahmen und denken Sie ab heute daran: Ihr Geschäft ist keine Privatangelegenheit. Wenn Sie Ihr bester Gast sind, haben Sie definitiv etwas falsch gemacht.

SIE HABEN NUR DIESE EINE CHANCE

CHECKLISTE: ERÖFFNUNG

- Wie wichtig ist Ihnen Ihr Geschäft?
- Sind Sie bereit zu klotzen und nicht zu kleckern?
- Wann planen Sie die offizielle Eröffnung?
- Bleibt Ihnen genügend Zeit für die Vorbereitung?
- Sind alle Baumaßnahmen abgeschlossen?
- Liegen die nötigen Genehmigungen und Anmeldungen vor?
- Wie sehen Ihre Warenbestände aus?
- Steht ausreichend qualifiziertes Personal bereit?
- Haben Sie genügend Geld zur Verfügung?
- Ist die Gästeliste fertig?
- Wie wollen Sie Ihre Gäste einladen?
- Welche Werbemaßnahmen haben Sie geplant?
- Reicht Ihr Budget für eine professionelle Promotion?
- Gibt es kreative Köpfe in Ihrem Umfeld, die helfen können?
- Wer sind Ihre Multiplikatoren?
- Welches Highlight planen Sie für Ihre Eröffnung?

- Machen Sie nicht alles auf den letzten Drücker!
- Suchen Sie sich Hilfe!
- Wer hier spart, hat schon verloren!

10. POTENZIALE

Gehen wir jetzt gemeinsam einmal davon aus, dass Sie die ersten neun Kapitel gründlich gelesen, die zahlreichen Tipps berücksichtigt, die Checklisten abgearbeitet haben. Im Idealfall verfügen Sie nun über einen lückenlosen Finanzplan, haben alles bestens vorbereitet für Ihren individuellen Auftritt am Markt, verfügen über eine perfekte Preisgestaltung, exzellente Produkte und eine grandiose Eröffnungswerbung, die quasi über Nacht eine fulminante Wirkung zeigt. Ihr Geschäft brummt, die Gäste kommen zahlreich, sind zufrieden und zahlungswillig ...

WIE FÜHLT SICH DAS AN?

Genau! Und nun stellen Sie sich vor, Ihr Personal ist schlecht ausgebildet, langsam, kaum motiviert und dadurch völlig überfordert. Der Service leidet, Fehler werden gemacht, schlechte Stimmung kommt auf.

Was meinen Sie: Wie viele Gäste werden wiederkommen, wenn ihnen das falsche Essen serviert wird, die Suppe kalt, der Weißwein warm ist und das Ambiente nicht stimmt? Negative Eindrücke und Erlebnisse verbreiten sich meist schneller und besser als die positiven. Mundpropaganda könnte in diesem Fall zu Ihrer Bankrotterklärung werden.

Kein Unternehmer hat mittel- oder langfristig Erfolg, wenn er seine Mitarbeiter nicht regelmäßig schult und trainiert, keine klar definierten Betriebsabläufe hat und darüber hinaus nicht in der Lage ist, sein Unternehmen erfolgreich zu vermarkten.

MEIN TIPP: Beziehen Sie Ihr Personal mit ein! Nur wer seinen Platz kennt und sich zum großen Ganzen zugehörig fühlt, wird mit Herzblut und Feuereifer bei der Sache sein. Führen Sie regelmäßig Schulungen durch, veranstalten Sie Rollenspiele, bei denen jeder Mitarbeiter einmal der Gast oder die Servicekraft sein darf. Fordern Sie konstruktive Kritik und Innovation. Setzten Sie sich mit Ihren Mitarbeitern zusammen, werten Sie gemeinsam die vergangenen Tage/Wochen aus und schmieden Sie neue Pläne für die Zukunft.

VIEL ERFOLG!!!

KEIN DINNER OHNE DIGESTIF

Liebe Existenzgründer, liebe Gastronomen,
Sie arbeiten in einer einzigartigen Branche oder haben sich nunmehr dafür entschieden. Mit meinem Ratgeber habe ich Ihnen hoffentlich ein paar Tipps an die Hand gegeben, mit denen Sie jetzt erfolgreich in Ihre neue Existenz starten können. Vielleicht habe ich Sie zum Nachdenken angeregt oder aber bereits Bekanntes wieder in Erinnerung gerufen. Damit Sie alles richtig verdauen und gestärkt in Ihre Zukunft blicken können, empfehle ich Ihnen (quasi als Digestif), alle Punkte aus diesem Buch zu notieren, die aktuell für Sie relevant sind. Suchen Sie sich Menschen, die Ihnen bei der Umsetzung behilflich sind. Erzählen Sie mit Begeisterung von Ihrem Geschäft und schauen Sie sich bei der Konkurrenz um.

MEIN TIPP: Handeln Sie innerhalb der nächsten 72 Stunden! Alles, was danach kommt, erhöht die Wahrscheinlichkeit, dass zu 99 Prozent nichts passiert. Arbeiten Sie intensiv mit den Checklisten der einzelnen Kapitel und erfinden Sie das Rad nicht neu. Nutzen Sie unsere Erfahrungen ... und bleiben Sie gesund, interessiert und mit Feuereifer bei der Sache.

MIT HERZ, MUT UND VERSTAND

Abschließend bleibt mir nur noch, Ihnen das Glück des Tüchtigen zu wünschen. Schreiben Sie mir von Ihrem Geschäft. Wenn es sich einrichten lässt, komme ich bei Gelegenheit gern bei Ihnen vorbei.

Ihr GASTRO-COACH
Pero Vrdoljak

HIER HABEN SIE PLATZ FÜR IHRE NOTIZEN:

HIER HABEN SIE PLATZ FÜR IHRE NOTIZEN:

LESEPROBE

Booklet 2 der GASTRO-COACH-REIHE richtet sich an Gastronomen, die bereits eine Zeit lang in Ihrem Geschäft tätig sind. In „Basics & Essentials" werden die Grundlagen der Branche erläutert und wichtige Informationen sowie Tipps zur Produktpräsentation und Kalkulation, zu aktuellen Innovationen aber auch einem effizienten Zeitmanagement gegeben:

„ES GIBT KEINE EHRLICHERE LIEBE ALS DIE LIEBE ZUM ESSEN."

... sagte einst der irische Nobelpreisträger George Bernard Shaw. Nun sind die Iren im Allgemeinen weniger bekannt für gutes Essen als vielmehr für ihren exklusiven Whiskey und ihre einzigartige Musik. Doch in alldem steckt eine Leidenschaft, ohne die nicht einmal der Bierstand in einem Fußballstadion erfolgreich laufen würde. Ich bin in der Gastronomie aufgewachsen und weiß aus eigener Erfahrung, was es heißt, jede freie Minute zu investieren, unzählige Wochenenden und Feiertage zu opfern, verdammt viele Stunden zu schuften ... für einen lächerlichen Stundenlohn.

Wünschen Sie sich auch manchmal, dass der Tag mehr als nur 24 Stunden hat? Eben! Das eindeutig größte Problem in der Gastronomie ist ein mangelhaftes Zeitmanagement in Kombination mit schwankenden Umsatzzahlen. Nur wenige Gastronomen schaffen es, ihr Unternehmen dauerhaft erfolgreich zu führen, genügend Geld zu verdienen und trotzdem ausreichend Zeit für Familie und Freizeit zu finden.

Immer wieder beobachte ich bestimmte eingefahrene Verhaltensmuster, die dafür verantwortlich sind, dass am Ende entweder zu wenig Zeit oder aber zu wenig Geld übrig bleibt. Das führt zu Frustration, Existenzängsten ... und zu dem schlechten Gefühl, tagtäglich in einem Hamsterrad zu stecken.

Beginnen wir also mit der Fehleranalyse, finden wir die Schwachstellen in Ihrem Unternehmen, optimieren wir jetzt gemeinsam Ihr persönliches Zeitmanagement und widmen uns einigen wissenswerten Dingen, die mit der ehrlichen Liebe zum diesem wunderbaren Beruf zu tun haben.

Ihr GASTRO-COACH
Pero Vrdoljak

GASTRO-COACHING: Existenzgründung

IMPRESSUM

Angaben gemäß § 5 TMG:
Pero Vrdoljak
Wilhelm-Wagenfeld-Straße 16
48282 Emsdetten

E-Mail: pero@vrdoljak.de
Internet: www.gastro-coaching.com

Bei diesem Booklet handelt es sich um die überarbeitete Fassung des Buches: „Die zehn größten Fehler in der Gastronomie ... und wie man sie bei der Existenzgründung vermeidet“. Der Herausgeber erfüllt alle rechtlichen Bestimmungen.

PERO VRDOLJAK
GASTRO COACHING